질병 가운데 드리는 묵상과 기도

질병을 낭비하지 마세요

정기원 지음

질병 가운데 드리는 묵상과 기도

질병을 낭비하지 마세요

서문

아내가 3기 암을 선고받고, 하루하루가 괴로운 날들이었습니다. 그런데 영적으로는 하루하루가 새로워지는 날들이었습니다. 삶이 변화되고, 기도가 바뀌고, 예배가 바뀌었습니다. 나는 그동안 죽은 목사였고, 죽은 성도였던 것입니다.

처절한 회개와 가슴을 망치로 치는 기도가 쏟아져 나옵니다. 매일 나가던 새벽기도회의 자리가 어제의 자리가 아니었습니다. 매일 앉았던 예배당의 자리가 어제의 자리가 아니었습니다. 매일 주님이 주시는 묵상이 가득했고, 매일 주님께 드리는 기도가 풍성했습니다.

어느 것 하나도 놓칠 수가 없어, 짧게나마 기록했습니다. 질병을 얻지 않았다면, 할 수 없었던 묵상과 기도들입니다. 이 기간 읽었던 책이 존 파이퍼 목사님의 《암을 낭비하지 마세요》(아가페북스)입니다.

나에게 주신 질병을 낭비하면 안 되겠다는 다짐과 기도가 불일 듯 일어났습니다. 그리고 주변에 아픈 사람들이 너무 많다는 것이 눈에 들어왔고, 그동안 내가 아픈 사람들을 위해 했던 기도가 그저 형식에 지나지 않았다는 간절한 깨달음이 있었습니다.

아내가 아프고부터, 저는 정말 더 진실하게 기도할 수 있었습니다. 그리고 몸이 아픈 분들에게 이 묵상과 기도를 나누고 싶었습니다. 그래서 이렇게 정리한 것입니다. 저는 이제 진심으로 고백할 수 있습니다. 질병을 낭비하지 않고, 주님을 더욱 친밀히 만나는 은혜로 삼은 것이 일생일대의 복이었다고.

하나님, 감사합니다.

정기원 목사

질병 가운데 드리는 묵상과 기도

하나

　　　　예수님은 십자가에 달리셔서 일곱 마디의 말씀을 하셨습니다. 그 첫 번째는 기도였습니다. 많은 사람들을 용서해달라는 기도였습니다. 어떻게 그 고통 속에도 기도를 하실 수 있습니까? 언제나 기도가 훈련이 되어 있으셨기에 예수님은 기도하셨습니다.

　저는 작년 여름, 아주 충격적인 얘기를 듣게 되었습니다. 사랑하는 아내가 3기암을 진단받았습니다.

저는 그 순간 어떤 기도도 할 수 없었습니다. 기도가 훈련되어 있지 않다는 것을 우리 주님이 깨닫게 하셨습니다. 저는 그동안 제대로 기도하지 않았음을 알게 됐고, 주님은 저의 기도생활의 실상을 보게 하셨습니다.

우리에게 기도할 생각도 할 수 없는 상황은 없습니다. 모든 순간에 기도할 수 있도록 매일 훈련해야 한다는 것을 뼈저리게 경험했습니다.

주님, 기도를 훈련시키시니 감사합니다.
주님, 나의 기도생활의 실상을 보게 하시니 감사합니다.
주님, 기도를 매일 훈련하게 하옵소서.
아픔 속에 기도자로 훈련시키시니 감사합니다.
예수님의 이름으로 기도합니다. 아멘.

둘

몸이 아파 보셨습니까?

아니, 아픈 정도가 아니라 죽음을 생각해야 하는 그런 상황을 겪어 보셨습니까? 그런 상황이 되면, 주님 안에 있지 않으면, 도저히 하루를 살 수가 없습니다. 주님 앞에 나와 나의 신세를 한탄하며 기도하노라면, 주님은 나를 더 깊은 곳으로 이끌어 가십니다.

중보기도를 하는 수많은 성도들을 보여주시고, 기도하는 가족들을 보여주시고, 여전히 나와 함께하고 있다고 말씀하십니다. 우리는 아픈데 말입니다. 주님께 설득당하기 싫은 나를 주님이 강하게 붙드시고 나를 설득하십니다.

주님의 섭리와 계획을 믿으라는 것입니다. 주님의 계획이라고 믿고 싶지 않지만, 주님의 계획일 수밖에 없음을 믿게 하십니다. 도대체 주님! 왜 또 저를 설득하시는 것입니까?

주님, 저는 오늘 또 주님께 설득당합니다.
이런 아픔을 겪고도 오히려 나를 내려놓게 하시고, 모든 상황을 주님께 설득당하고 있습니다. 왜 어려움을 주시는지 당신께 따지고 싶은데, 왜 오히려 저를 설득하십니까?
주님, 다시 주님을 신뢰하기 원합니다. 함께하시며, 고치시며, 역사하실 주님을 신뢰합니다. 주님, 도와주세요.
예수님의 이름으로 기도합니다. 아멘.

셋

　　　아픔 속에 있는 많은 교우들이 공통적으로 하는 말이 있습니다.

"더욱 하나님만 보게 하시네요."

우리 주님은 질병 속에서, 그 병보다 크신 주님을 보라고 요청하십니다.

마태복음 4장 23절 말씀입니다.

"백성 중의 모든 병과 모든 약한 것을 고치시니."

우리 주님은 우리의 약함을 고치시는 분입니다.

우리의 질병을 고치시는 분입니다. 평소에는 들리지 않았던 주님의 목소리가 찬양을 통해 들려옵니다.

"시작됐네. 우리 주님의 능력이~~."

이제 주님의 능력을 볼 차례라고 주님이 말씀하십니다.

주님, 이제 주님의 능력이 시작됐음을 바라봅니다. 이 질병보다 훨씬 크신 주님의 능력이 시작됐다는 말만으로도 갑자기 힘이 납니다. 우리가 오직 주님의 능력만 바라보게 하옵소서. 주님의 능력이 시작되었다는 사실을 잊지 말게 하옵소서. 주님의 능력으로 OO의 병과 약함을 고쳐주옵소서.

예수님의 이름으로 기도합니다. 아멘.

넷

고난은, 질병은 우리로 하여금 놀라운 기도를 드리게 하는 장치가 됩니다. 새벽시간, 무릎을 꿇고 기도를 시작할 때, 갑자기 입에서 간절한 세 가지 외침이 흘러나옵니다.

'하나님의 말씀의 생수와 예수님의 보혈과 성령의 불이 모든 질병의 근원을 태우리라.'

병원을 통해 주시는 약이 천 배의 효과를 보게 해 달라는 기도입니다. 질병을 얻고 보니, 평소에 하지 못하고, 평소에 듣지 못했던 하나님의 음성이 물밀 듯 몰려옵니다. 쉴 새 없이 들리는 주님의 음성으로 견딜 수가 없을 지경이 됩니다. 하나님은 질병을 통해서라도 그렇게 말씀하시고 싶었던 것입니다.

주님, 당신이 주시는 생수는 우리의 몸을 시원하게 하고, 씻어 줌을 믿습니다. 예수님의 보혈이 우리를 깨끗하게 한다는 사실을 믿습니다. 성령님의 불은 모든 것을 태울 수 있다고 확신합니다. 지금 병으로 아픈 가운데 있는 OO에게 임재하셔서 하나님의 말씀의 생수와 예수님의 보혈과 성령님의 불길로 몸 안의 모든 병을 태우고, 병원에서 주는 약에 함께하셔서 천 배의 효과를 보게 해 주세요. 하나님의 창조질서를 어지럽히는 질병의 근원을 사라지게 해주세요.
예수님의 이름으로 기도합니다. 아멘.

다섯

아프지 않고, 병원에 가지 않을 때는 결코 알 수 없는 사실이 하나 있습니다. 아픈 사람이 정말 많다는 사실입니다. 중병으로 하루하루 사는 것이 기적인 사람들도 있고, 이제 태어난 지 얼마 되지 않은 아기들이 셀 수도 없는 주사 바늘에 의지해서 생명을 유지하기도 하고, 반드시 치료약이 개발될 것이라며 오늘을 견디는 환자들도 있고, 치료비가 없어 진통제도 없이 고통을 감내하는 사람들도 있습니다.

우리나라 국민 3명 중 1명이 암을 경험한다는 통계도 있습니다. 이렇게 아픈 사람들이 많은데, 내 가족만 치료받게 해달라고 기도할 자신이 없습니다.

왜 내 가족만 고침을 받아야 하는가?

우리가 이 문제에 대답할 수 있을까요?

바로 중병에 걸리면, 이것에 눈이 뜨이게 됩니다.

주님, 제 주변에 아픈 사람들이 많습니다. 방송을 보아도 눈물 없이 볼 수 없는 환자들이 나옵니다. 주님, 아픈 사람 모두를 치료해 주세요. 그들의 보호자들에게 힘을 주세요. 나와 나의 가족이 그저 주님의 도우심을 받는 자가 되기를 바랄 뿐입니다. 저로 하여금, 고통 속에 있는 저 많은 사람들을 위해 기도하게 하시니 감사합니다.

예수님의 이름으로 기도합니다. 아멘.

여섯

중병을 얻으면, 많은 사람들에게 알리라는 말이 있습니다. 여러 가지 정보와 치료에 관련된 좋은 경험들을 들을 수 있기에 그런 말이 있을 것입니다. 실제로 다양한 이야기들이 큰 도움이 되기도 합니다. 그러나 우리 그리스도인들이 중병을 얻어, 다른 사람들에게 알리는 것은 중보기도를 요청하기 위함입니다. 중보기도의 권세를 알기 때문입니다.

그러나 한편으로는 큰 부담이기도 합니다. 많은

사람들의 시선과 관심을 받게 되기 때문입니다. 그런데 이 일을 잘 묵상해보면, 하나님은 많은 사람들의 관심과 시선을 통해 더욱 직분에 합당한 삶을 살도록 인도하십니다. 모든 이들의 시선 속에 하나님의 귀하고 선하신 쓰임이 있는 가정으로 이끄십니다.

하나님 아버지, 나의 아픔을 위해 많은 사람들이 중보기도를 합니다. 그들의 중보가 능력과 역사가 있을 수 있도록 주님께서 모든 상황을 주관하여 주옵소서. 나와 우리 가정에 쏟아지는 많은 관심과 시선만큼이나 우리가 더욱 온전한 그리스도인으로 나아가고 성장하게 하옵소서. 직분에 합당한 삶을 이 병을 통해 살아내도록 힘을 주옵소서. 예수님의 이름으로 기도합니다. 아멘.

일곱

저는 목사이지만, 새벽기도에 나와서 전혀 기도하지 않고 그냥 앉았다가 돌아간 적도 많습니다.

예배시간에 하나님께 기도하지 않고, 예배를 형식적으로 드렸던 적도 많습니다. 모든 기도 시간과 모든 예배가 온전하지 못한 것이 나의 삶이었습니다.

그런데 가족이 병과의 사투를 벌이면서, 단 하루도 기도하지 않는 날이 없었습니다. 단 한 순간도 기도의 자리가 허투루 지나는 법이 없었습니다. 1분 1초도 가만히 안 두시고 기도하게 하셨습니다. 내 생각할 틈도 없이 기도하게 하셨습니다. 모든 예배가 진정함으로 이루어집니다. 삶 또한 정말 하나님의 자녀답게 살게 하십니다. 이 정도면 아픔은 저에게 저주가 아니라 축복입니다.

주님, 현실의 고통은 이루 말할 수 없지만, 주님은 이 고통을 통해 더욱 진정한 자녀로 바꾸십니다. 만약 이 고통을 겪으면서도 진정한 자녀로 나아감이 없다면, 이 고통은 시간 낭비일 것입니다.
주님, 결코 시간을 낭비하지 않도록 우리의 몸이 아픈 이 순간순간이 주님과 교제하는 시간이게 하옵소서. 내 병이 치료되기 위해, 하나님보다 세상의 방법들을 우선한다면, 이 아픔은 시간 낭비일 것입니다. 주님, 결코 시간을 낭비하지 않도록 무엇보다 하나님을 우선으로 살게 해 주세요.
예수님의 이름으로 기도합니다. 아멘.

여덟

몸이 아파 병원을 다니다 보면, 기대와 다른 결과를 받아들 때가 많습니다. 암이 1기임을 기다렸는데, 3기라고 진단을 받습니다. 아직 체력이 많으니 1차 항암 치료를 잘 견디리라 생각했는데, 오히려 1차 치료 후 백혈구(호중구) 수치가 바닥을 쳐서 격리입원을 하게 됩니다. 여러 가지가 내 생각대로 되는 법이 결코 없습니다. 의사도 흔하지 않은 일이라고 말합니다.

그런데 바로 거기서 희망이 보입니다. 하나님이 하시는 일이니 사람이 볼 때는 흔치 않은 일이지요. 오히려 이 일이 하나님이 일하시는 증거임을 강력히 믿게 됩니다.

하나님, 검사 결과가 하나같이 저의 바람과는 다릅니다. 치료를 시작하는 단계부터 무언가 어긋나는 것 같습니다. 이런 일이 생기면, 저희는 무섭고, 떨리고, 두렵습니다. 하지만 하나님이 하시는 일을 저희가 어찌 정확히 알겠습니까. 오히려 세상에서 흔치 않은 일이기에 하나님이 하심을 더욱 믿습니다.
주님, 계속 우리와 함께 일하여 주세요. 이 모든 것이 하나님이 일하시는 증거임을 믿습니다.
예수님의 이름으로 기도합니다. 아멘.

아홉

젊은 시절 뜨거운 사랑의 아픔을 경험하노라면, 모든 사랑과 이별 노래가 나의 이야기인 것처럼 절절합니다.

질병의 고통 속에 있어 보셨는지요? 평소 감정도 없이, 느낌도 없이 불렀던 찬양의 가사가 전부 나의 삶이 됩니다. 말씀은 더 말해 무엇하겠습니까. 꼭 돋보기로 말씀을 확대한 것처럼 눈에 와서 박히는 일이 생깁니다. 어느 것 하나 버릴 게 없습니다. 그저

다 은혜입니다. 찬양과 말씀이 모두 눈물이 되어 나를 적십니다.

하나님, 왜 이전에는 말씀과 찬양이 보이지 않고, 들리지 않았습니까? 하나님, 이것을 원하셨습니까? 이렇게라도 말씀하고 싶으셨습니까? 이제 들립니다. 이제 보입니다.
주님이 너무도 제 곁에 가까이 계심을 느낍니다.
주님, 질병의 고통이 아니라 주님이 함께하시는 기쁨이 더욱 크게 해주세요.
예수님의 이름으로 기도합니다. 아멘.

열

     중병에 걸려 치료를 받노라면, 하루하루가 피가 마르고 힘이 듭니다. 어떤 때는 교회에 나가 기도하고, 힘을 얻고, 하루를 잘 감당합니다. 하지만 자고 일어나면서, 아침에 눈을 뜨면 여전히 믿겨지지 않는 날이 많습니다. 마음이 한없이 공허해집니다.

 다른 일은 시간이 지나면 적응되지만, 병치레는 시간이 지나도 적응이 안 됩니다. 현실을 못 받아들입니다. 그런데 잘 생각해보면, 아프기 전의 삶도 사실은 믿기 어려운 삶입니다. 병에 걸리면, '왜 나에게?'라고 질문하지만, 그렇다면 아무 문제 없이 잘 살 때도 질문을 던져야 합니다. '왜 나에게 이런 평안이?' 그리고 주님이 나를 위해 십자가 지신 일에도 질문을 던져야 합니다. '왜 나를 위해?' 우리의 인생은 어느 것 하나 믿겨지지 않는 것뿐입니다.

주님, 앞으로 더 믿겨지지 않는 주님의 인도하심을 허락하소서.
아무도 믿을 수 없는 주님의 기적을 보게 하소서.
병이 고침 받는 것도 믿을 수 없는 기적이며, 병을 견디어 내는 것도 믿을 수 없는 기적입니다. 나의 삶이 주님이 함께하시는 믿겨지지 않는 기적의 나날이게 하소서.
예수님의 이름으로 기도합니다. 아멘.

열하나

마가복음 1장을 읽어보면, 예수님께서 하루를 어떻게 사셨는지 잘 설명하고 있습니다.

34절에 "예수께서 각종 병이 든 많은 사람을 고치시며"라고 말씀합니다. 하루 종일 많은 사역으로 피곤하심에도 불구하고, 해 질 때에 모인 모든 병자들을 깊은 사랑과 섬김으로 치료해 주셨습니다. 예수님의 사역 중 많은 부분을 차지한 것이 바로 병 고침입니다. 왜 예수님은 치유사역에 많은 시간을 할애하셨을까요? 인간의 몸을 입으시고, 인간이 겪는 가장 큰 고통이 질병임을 아셨기 때문입니다.

우리 또한 큰 병에 들면, 예수님이 사역하신 이유를 알게 됩니다. 예수님은 환자와 그 가족들의 아픔을 아시는 것입니다. 너무나 힘든 일임을 아시는 것입니다.

주님, 환자들과 그들을 돌보는 가족들을 긍휼히 여겨 주세요. 아니, 이미 주님은 측량할 수 없는 마음으로 우리와 함께하심을 믿습니다. 이 세상에 사시는 내내 많은 병자들을 고쳐주셨듯이, 지금 우리에게도 동일한 은혜를 부어주세요. 가뭄에 내리는 단비처럼, 성령의 단비를 사랑하는 OO에게 내리셔서 몸과 마음 구석구석을 시원하게 해 주세요.
예수님의 이름으로 기도합니다. 아멘.

열둘

        요즘 암 환자 생존율이 많이 높아졌음에도 불구하고, 암은 여전히 무서운 병입니다.

  왜 암이 무서운 병입니까? 종양이 크게 자랄 때까지 아무런 증상이 없기 때문입니다. 이미 증상이 나타나면 치료하기에는 너무 늦은 경우가 많습니다.

  우리의 영적인 죄가 왜 무섭습니까? 죄가 자라고 있음에도 모르기 때문입니다. 내가 위중한 병자라는 것을 알면 의사를 찾아가 만나듯이, 우리가 영적으로 위중한 병자라는 것을 알아야 예수님을 간절히 찾게 됩니다. 정기 검진을 통해 혹시 자라고 있을지도 모를 암을 찾아내야 하는 것처럼, 우리는 매일 내 영의 상태를 점검해야 합니다. 그리고 예수님께 나아와 고침을 받아야 합니다.

우리는 영적인 암이 더 크게 자라기 전에 그리해야 합니다. 암에 걸린 가족과 지인을 위해 기도하면서, 먼저 나의 영적인 암을 치료해 달라고 기도해야 합니다.

주님, 먼저 나의 영적인 암을 보게 하옵소서.
나의 영적인 암을 치료하여 주옵소서. 나의 영이 암에 걸려 죽는지도 모르고 하루하루 살아갑니다. 육신의 암은 죽을병이라고 무서워하면서도, 영적인 암에 무감각한 저희를 일깨워주옵소서. 육신의 암보다 더 무서운 영적인 암을 반드시 고치게 하옵소서.
예수님의 이름으로 기도합니다. 아멘.

열셋

　　　오늘날 많은 연구를 통해 밝혀진 사실은 질병이 스트레스와 연관이 있다는 것입니다. 심한 스트레스에 오랫동안 노출되면, 우리의 몸은 견디지 못하고 병을 얻을 수 있습니다.

　물론 어떤 사람이 암에 걸렸을 때, 그것은 누구의 탓도 아닙니다. 부모에 의한 유전을 탓할 일도 아니고, 함께 사는 가족을 탓할 일도 아니고, 그 사람의 잘못된 삶의 모습을 탓할 일도 절대 아닙니다. 병은 병일 뿐입니다.

하지만 우리는 나의 가족의 아픔을 보고, 그 안에 있는 상처를 볼 줄 알아야 합니다. 사람이 살면서 받는 상처와 아픔은 간단한 것이 아닙니다. 내가 잘 견딘다고, 그도 잘 견딜 것이라고 생각하면 안 됩니다. 우리는 내가, 혹은 나의 가족이 질병 가운데 있다면, 내면의 상처와 아픔을 고쳐달라고 기도해야 합니다.

주님, 암이 아니라 내 안에 있는, 그의 안에 있는 상처를 보게 하시니 감사합니다. 또한 내가 가족들과 많은 사람들에게 상처를 주며 살아온 것을 회개합니다.
주님, 우리 안에 있는 마음의 상처와 아픔, 가려진 고통들을 먼저 치료하여 주세요. 내가 가족들과 사람들에게 상처 준 죄를 용서하여 주세요. 상처가 나음을 입으면서, 우리의 몸도 회복될 것을 믿습니다. 예수님의 이름으로 기도합니다. 아멘.

열넷

사람의 연약함은 끝이 없습니다. 어제 담대한 믿음을 지녔다가도 오늘 사라지는 것이 사람입니다. 어제 주님의 강한 임재를 경험하며, 기도의 뜨거운 시간을 경험했다 해도, 오늘 기도의 자리에 앉으니 벽 앞에 앉아 있는 느낌을 받는 것이 사람입니다.

우리가 조금만 믿음의 경주를 게을리 하면, 세상과 내 자아가 나에게서 왕 노릇 합니다. 매번 주님께 붙들어 달라고 부르짖지만, 매번 치료하러 병원에 가는 마음은 두렵고, 무섭습니다. 내게 있는 육의 고통으로 힘이 듭니다. 또 무너집니다. 그럼에도 우리가 믿는 것은 하나님은 동일하신 분이라는 것입니다. 오늘 다시 힘든 하루를 변함없고 한결같은 주님께 맡겨드려야만 견딜 수 있습니다.

주님, 저희는 오늘 다시 주삿바늘과 각종 약 봉지 앞에서 무너지고 맙니다. 오늘 다시 힘들고, 두렵고, 마음이 약해집니다. 저희는 한없이 연약합니다. 그래서 동일하고, 변함없으신 주님을 의지하고 바라봅니다. 하나님이 주시는 강 같은 평화가 OO의 심령에 임하게 하여 주옵소서. 우리나라와 가정에, 나의 마음에 주님의 평화를 내려 주소서. 예수님의 이름으로 기도합니다. 아멘.

열다섯

하나님은 언제나 일하십니다. 쉬지도 않으시고, 주무시지도 않고 일하십니다. 우리가 건강할 때는 이 개념에 별로 관심이 없습니다. 그러다가 병을 얻어 투병 생활을 시작하면, 매일 간구하게 됩니다. 지금이 하나님이 일하실 때임을 구하게 됩니다.

그러다가 또 깨닫습니다. 하나님은 언제나 일하고 계셨음을. 빈들에서 걸어보고, 빈손으로 살아보고, 죽음을 생각하게 되는 그 순간, 주님이 일하심을 보게 됩니다. 아플수록 조급함을 버리고, 하나님의 시간표를 바라보아야 합니다.

주님, 제가 만약 하나님을 몰랐다면 이 시간들을 어떻게 견뎠을까요? 생각만 해도 끔찍합니다. 주님이 없으면, 저는 오늘 하루를 살 수 없습니다. 주님은 언제나 제 곁에서 일하고 계심을 믿습니다. 의사의 손길과 약을 통해서도 일하고 계심을 믿습니다. 지금이야말로 늘 일하고 계시는 주님의 실재를 경험하게 해 주세요.
예수님의 이름으로 기도합니다. 아멘.

열여섯

　　　　　암으로 투병하는 가족의 보호자로 매일 지내면서, 특별한 아침을 맞았습니다. 새벽기도의 자리에서, 생각지도 못한 고백이 입술을 통해 나왔기 때문입니다.

"하나님, 암을 주심도 감사합니다." 그냥 감사의 고백이 아닙니다. 주체할 수 없는 눈물과 감정이 담긴 고백입니다. 그리고 또 기도합니다.

"하나님, 어찌 나에게 이런 고백을 하게 하십니

까?"

"하나님 감사합니다." 참 말도 안 되는 이런 기도가 쏟아져 나옵니다. 결국 우리의 끝자리는 감사입니다. 감사가 나를 변화시키고, 병을 치유합니다. 어쩌면 하나님은 이 고백을 기다리고 계셨는지도 모릅니다.

"주님, 제게 이런 질병을 주셔서 감사합니다."

하나님, 병을 주셔서 감사합니다.
주님을 더욱 바라보게 되었습니다.
주님을 더욱 사모하게 되었습니다.
주님을 더욱 생각하게 되었습니다.
주님을 더욱 의지하게 되었습니다.
주님께 더욱 기도하게 되었습니다.
주님이 싫어하시는 죄를 버리게 되었습니다.
하나님, 제게 아픔을 주셔서 감사합니다.
예수님의 이름으로 기도합니다. 아멘.

열일곱

　　　　　놀이공원에 엄마와 놀러 간 어린아이가 엄마를 잠시 잃어버렸을 때의 공포는 말로 다 할 수 없습니다. 잠시 후 엄마를 찾은 아이는 이제 절대 엄마를 놓치지 않으려고, 이전보다 더 세게 엄마의 손을 꽉 잡습니다.

　투병 생활 중에 제게 유일한 위로는 예수님만 따라가는 것입니다. 이전에는 보이지 않았던 예수님의 품이, 이전에는 보이지 않았던 예수님의 손길이 우리의 영안에 보이는 시간입니다. 병을 얻고 나서야 그 주님의 품을 더 강하게 껴안았고, 병을 얻고 나서야 그 주님의 손을 더 세게 잡았습니다. 병을 얻고 나서야 주님을 놓치지 않으려고 주님만 바라보았습니다.

주님, 사랑하는 OO을 오늘도 안고 가소서. 업고 가소서. 손잡고 가소서. 병상에 누울 때는 주님이 눕혀주시고, 수술대에 올라갈 때는 주님이 올려주시고, 병원을 오갈 때에는 주님이 손잡고 길동무가 되어 주소서. 우리가 힘이 없어 주님을 놓칠 때에도 우리를 놓지 마시고 붙들어 주세요.
예수님의 이름으로 기도합니다. 아멘.

열여덟

투병 생활을 하는 환자와 그 보호자들은 누구나 공감하는 것이 하나 있습니다. 너무나도 많은 정보와 가짜 뉴스 때문에 혼란을 경험한다는 것입니다. 내가 앓고 있는 병에 대해 떠도는 수많은 인터넷상의 글들, 이게 맞다, 저 병원이 좋다 등 주변에서 계속되는 조언과 충고.

이런 글을 보면 볼수록, 많은 조언들을 들으면 들을수록 혼란스러울 때가 많습니다.

그래서 우리는 더욱 하나님만 바라보기를 원해야 합니다. 주치의를 주께서 도우시고, 의사의 손길 위에 역사하시도록 기도하면서 신뢰해야 합니다. 하나님과 주치의 그리고 환자와 보호자의 든든한 신뢰관계가 치료에 가장 큰 도움이 됩니다.

주님, 오늘도 손을 환부에 얹고, 하나님만 바라보며 기도합니다.
우리에게 수많은 정보와 이야기들이 들리지만, 믿음을 제일 먼저 요구하시는 주님을 봅니다. 이 병을 통해 우리 가정의 믿음의 수준이 올라가게 하시고, 성숙하게 하시고, 자라게 하옵소서.
특히 주치의에게 잘 판단하고, 치료할 수 있는 지혜와 능력을 부어 주세요. 하나님께서 이 모든 과정을 주관하신다는 신뢰와 믿음이 더욱 견고하도록 저희를 지켜주세요.
예수님의 이름으로 기도합니다. 아멘.

열아홉

이 세상은 신비함 그 자체입니다.

더군다나 한 인간의 삶은 신비함으로도 설명이 안 됩니다. 내가 살고 죽음을 무엇으로 설명할 수 있겠습니까? 병을 얻어, 하루를 살아보니 온통 알 수 없는 일들만 가득합니다.

누구는 암 환자와 암 환자의 가족이 되고, 누구는 젊어서 암으로 세상을 떠나고, 누구는 어린아이임에도 암으로 투병하고, 누구는 암에 걸려도 완치를 얻고. 이 알 수 없는 이치들을 우리가 과연 이해할 수 있겠습니까? 정말 우리가 약한 인간임을 다시 한 번 깨닫습니다. 이 세상의 크고, 측량할 수 없음과 우리 주님의 더 크고 측량할 수 없음에 그저 침묵할 뿐입니다. 침묵이야말로 최고의 기도라고 하는 말의 의미가 이것이 아닐까요?

주님, 오늘은 아무 말도 할 수 없습니다.
내가 알지 못하고, 알 수도 없는 인생의 순간들을 위해 입을 다물겠습니다. 주님의 사유하심은 나의 상상으로는 도저히 잡히지 않습니다. 그러기에 주님을 생각하며 침묵합니다. 문제보다 나보다 이 세상보다 더 크신 주님을 생각합니다. 도와주세요.
예수님의 이름으로 기도합니다. 아멘.

스물

투병하는 환자의 보호자로 살아보니, 내가 믿음 없음을 알게 되었습니다. 나의 믿음이 근본부터 약함을 병들고 나서야 알게 되었습니다. 세상의 목소리, 세상의 의술을 더 의지한다는 것을 병들고 나서야 알게 되었습니다.

평소 하나님을 바라보지 않고, 형식적이고 의식적으로만 예배하고 기도했음을 알게 되었습니다. 생각해 보니, 믿음 생활을 다시 처음부터 제대로 시작해야 한다는 것을 깨달았습니다. 그동안 그야말로 명목상 그리스도인이었고, 명목상 목사였다는 것을 깨달았습니다. 믿음을 가지라고 말했던 나의 언어가 그저 울리는 징 소리에 지나지 않았다는 것을 병을 얻고 나니 알게 되었습니다.

주님, 나의 믿음 없음을 용서하여 주세요.
믿음이 없다는 것을 병들고서야 알게 되었습니다. 내가 세상의 소리와 세상의 권세를 더 의지한다는 것을 병들고 나서야 알게 되었습니다. 나의 믿음 없음을 용서하여 주세요. 진정한 하나님의 자녀, 믿음의 자녀가 되기를 원하시는 주님이심을 알게 되었습니다. 그 어떤 것도 아닌 믿음을 요구하시는 주님, 오늘 또 이렇게 무릎을 꿇습니다.
예수님의 이름으로 기도합니다. 아멘.

스물하나

새벽기도회에 참석하는 것은 여러 유익이 있습니다.

제일 먼저 의미 있는 것은 하루를 시작하는 아침에 기도한다는 것입니다. 밤새 술을 마시며 놀던 사람들도 새벽이 되면 집으로 돌아갑니다. 하나님이 사랑하는 자에게 잠을 주셔서 잘 쉰 사람들은 다시 일어납니다.

아침은 만물이 소생하는 동력이 있습니다. 어두웠

던 세상이 밝아지는 순간을 경험할 수 있습니다. 우리는 아침마다 새로운 희망을 발견합니다. 오늘 새롭게 예수님께서 은혜와 치료의 광선을 발해주시기를 소망합니다. 우리에게 부어주시는 하나님의 은혜는 아침마다 새롭습니다. 그것이 은혜입니다.

주님, 만물이 소생하는 이 아침에 기도드립니다.
만물이 소생하는 것처럼 우리의 영도 마음도 몸도 새롭게 소생하게 하옵소서. 암과 병마는 저 어둠과 함께 사라지게 하시고, 오직 주님이 주시는 새로운 세포가 소생케 하여 주옵소서. 아침마다 새로운 힘을 얻어, 하루의 삶을 거뜬히 살아가게 해주시고, 아침마다 새로운 힘을 얻어, 하루의 치료를 힘 있게 감당하게 해 주세요.
예수님의 이름으로 기도합니다. 아멘.

스물둘

목마른 사슴이 시냇물을 찾듯이 주님의 은혜를 사모하십니까?

나에게 그런 순간이 언제였나, 생각도 나지 않는 신앙생활을 하고 있지는 않았습니까? 제가 그랬습니다. 목사이면서도 말입니다.

그런데 아내의 암 투병이 시작되면서, 비로소 영적으로 목마름을 알게 되었습니다. 주님의 은혜의 강물을 간절히 사모하게 되었습니다. 삶의 어느 한 부분에 국한되지 않고, 모든 부분에서 은혜를 사모하게 되었습니다. 나는 주님을 매 순간 바라본 것밖에 없는데, 매 순간 은혜로 채워졌습니다. 결국 모든 것이 주님의 은혜임을 고백할 수밖에 없습니다.

주님, 사랑하는 OO을 주님의 은혜의 강물에 잠기게 하소서.
주님, 사랑하는 OO을 주님의 치료의 강물에 잠기게 하소서.
주님, 사랑하는 OO이 주님의 강물에서 오늘 또 영적인 세례를 받게 하소서. 은혜의 강물이 발끝부터 머리끝까지 차오르는 감동과 감격을 경험하게 하소서. 모든 순간이 은혜임을 고백합니다.
예수님의 이름으로 기도합니다. 아멘.

스물셋

하나님은 못하실 일이 없는 분입니다.

하나님은 지금 당장이라도 이 지긋지긋한 병을 깨끗하게 하실 수도 있습니다. 그러나 하나님은 당신의 시간표에 따라, 차근차근 우리를 인도하십니다. 하나님이 원하시는 것은, 하나님의 계획에 순종하며, 지금 이 시간을 감사하며 사는 것입니다. 지금 이 순간 살아 있음을 감사하는 것입니다.

하나님이 끊임없이 만지고 계심을 믿고 감사하는

것입니다. 그야말로 인생 전부를 주님께 순종하라는 것입니다. 결국은 우리의 죽음까지도 주님께 맡기라는 것입니다.

하나님, 당신은 당장이라도 암을 다 태우실 수 있음을 압니다. 그러나 하나님의 넓고 큰 계획에 순종하며, 지금 감사드립니다. 주님, 지금 내가 살아 있음에 감사드립니다. 지금 이 순간에도 환부를 끊임없이 만지심을 믿습니다. 감사드립니다. 인생 전부를 주님께 맡기오니, 인도하여 주옵소서.
예수님의 이름으로 기도합니다. 아멘.

스물넷

환자들은 주치의를 의지합니다.

병원에 갈 때마다, 입원을 할 때마다 무슨 얘기가 나올지 가슴이 콩닥거립니다. 3차 항암 치료 전, 초음파 검사를 하고 의사를 만났습니다. 암의 크기가 많이 줄었고, 잘 되고 있다는 의사의 말 한마디가 그렇게도 위로가 됩니다. 사람의 말 한마디도 우리의 마음을 녹이는데, 살아 계신 하나님의 한 말씀이면 얼마나 족한 일인지요.

하나님이 내가 너와 함께한다, 내가 너를 지켜주겠다고 하시는데 무슨 걱정이 있겠습니까? 매일 주님의 음성을 사모하며 나아가십시오. 주님의 음성보다 더 큰 위로는 없습니다.

주님, 오늘도 한 말씀만 해 주세요. 그 한 말씀이면 족합니다. 의사의 말 한 마디에 울고 웃기보다는 주님의 한 말씀에 감사하고, 힘을 냅니다. 오늘도 우리를 한 말씀으로 위로하여 주옵소서. 예수님의 이름으로 기도합니다. 아멘.

스물다섯

건강할 때는 몰랐는데, 아프면 알게 되는 진리가 많습니다. 건강할 때는 한 푼이라도 더 벌려고 노력하지만, 아프고 나면 건강이 최고라는 것을 배웁니다. 건강할 때는 가족의 소중함을 잊고 살다가, 아프고 나면 가족과 하루를 사는 것이 제일 소중함을 배웁니다. 시한부 인생을 사는 환자와 그 가족들은 하나같이 고백합니다. 하루만 더 사랑하게 해 주세요. 싸움도 사치고, 돈도 의미 없고, 성

공도 필요 없습니다. 그저 하루만 더 사랑하게 해주세요. 딱 하루만 더.

그래서 더 사랑하지 못했음을 가장 많이 회개합니다. 시간이 지나면 이것마저도 또 잊어버리겠지만.

주님, 저에게는 아무것도 필요 없습니다.
그저 딱 하루만 더 사랑하게 해주세요. 모든 것이 저에게는 사치입니다. 그저 딱 하루만 더 사랑하게 해주세요. 무엇이 제일 소중한지 알게 되었습니다.
주님, 그저 딱 하루만 더 사랑하게 해주세요.
예수님의 이름으로 기도합니다. 아멘.

스물여섯

　　　　암 환자의 보호자로 지내면서 참 많은 깨달음을 얻습니다.

　암세포는 생명력이 지독하게 끈질겨서, 독한 항암치료로도 죽지 않는 경우가 많습니다. 그래서 방사선으로 치료하기도 하고, 수술로 아예 잘라내 버립니다. 하지만 몸 속 어딘가에 아주 미세한 크기로 존재하는 암은 현대 의학기술로도 발견할 수 없습니다.

　내 안에 지워도 지워도 지워지지 않는 영적인 암

이 있습니다. 나의 자랑, 나의 드러냄, 나를 나타내고자 하는 욕망이 그것입니다. 주님은 암 환자를 위해 기도할 때마다 제 안의 영적인 암을 보여 주십니다. 이것부터 태우라고 하십니다. 이것부터 뽑아내라고 하십니다. 주님이 앉아 계셔야 할 자리에 앉아 있는 나의 자랑을 죽이라고 하십니다.

주님, 나의 영적인 암을 태워주세요.
지우고 태워도 사라지지 않는 이놈을 제발 태워주세요. 이 영적인 암을 송두리째 뽑아 주세요. 그런 후에야 나의 기도를 들으시겠다는 주님의 음성에 순종하게 해 주세요.
예수님의 이름으로 기도합니다. 아멘.

스물일곱

　　　　　병원에서 몸에 대한 여러 정보를 얻다 보면, 참 신기한 것이 많습니다. 머리부터 발끝까지 몸 구석구석 작동하는 원리는 그 무엇으로도 설명하기가 어렵습니다. 우리의 몸이 정말 하나님께서 만드셨다는 사실이 너무 분명해집니다.

　그런 개념으로 환자를 바라보니, 많은 안타까움이 밀려옵니다. 하나님이 만드신 몸에 더러운 암 덩어리가 자란다니 마음이 아픕니다. 하나님께서 처음 사람을 만드셨을 때, 이런 질병을 생각이나 하셨을까요? 하나님께서 만드신 최고의 작품인 사람 몸 안에 더러운 질병이 생긴다는 것을 아셨을까요? 모든 사람들이 처음 만들어졌던 때의 몸으로 돌아가면 참 좋겠습니다. 주님이 만드신 그 아름다운 몸으로.

주님, 당신께서 만드신 몸을 어찌 더러운 질병에 사로잡히게 하십니까? 주님이 처음 만드셨던 상태로 돌려주세요. 창조의 아름다움을 회복하게 해 주세요. 주님이 처음 빚으셨던 깨끗한 상태로 회복시켜 주세요. 주님이 만드셨으니, 주님께서 고쳐주세요.
예수님의 이름으로 기도합니다. 아멘.

스물여덟

　　　　　몸이 아픈 환자도 힘들지만, 환자를 돌보는 보호자도 그 못지않게 힘듭니다. 아내를 간병하다 보니, 집안일도 도맡게 되고, 병원을 오가는 일도 함께합니다. 수술이나 입원 때 보호자의 동의를 구하는 란에 서명할 때는 묘한 기분도 듭니다. 작은 것 하나하나에 세심한 도움을 주어야 하고, 그에 따른 정신적 에너지 소모가 매우 큽니다. 그래서 보호자가 오히려 병 난다는 말이 틀린 말이 아닙니다.

하지만 사람의 간병에는 한계가 있습니다. 보호자도 사람입니다. 지칠 수 있습니다. 하지만 우리 주님은 주무시지도 않고 우리를 돌보시는 분입니다. 약의 부작용과 싸우는 것은 보호자가 어떻게 해 줄 수가 없습니다. 환자가 견디어야 할 몫입니다. 그러나 주님은 함께하십니다. 주님이 보호자가 되어주셔서 간병하신다면 그보다 더 좋은 일은 없습니다.

주님, OO의 보호자가 되어 주세요. OO의 간병인이 되어 주세요. 홀로 부작용과 싸우고 있는 OO에게 주님이 함께하시어 가장 큰 도움이 되어 주세요. 은혜로 사로잡아 주시고, 오직 주님께만 붙들리게 해 주세요. 주님이 보호자가 되어 주신다면, 모든 것을 이길 수 있습니다. 견딜 수 있습니다. 지치지 않으시고, 주무시지도 않는 주님이 책임져 주시고, 일으켜 주시고, 힘을 주세요.
예수님의 이름으로 기도합니다. 아멘.

스물아홉

투병하는 가족과 함께 살면서, 더욱 사람의 곤고함을 깨닫게 되었습니다. 처음 암을 진단받고 한 달간 거의 하나님 앞에만 머물렀고, 하나님만 바라보았습니다.

그러나 시간이 지나면서 세상의 각종 유혹들이 마음을 비집고 들어옵니다. 사람의 연약함과 곤고함을 뼈저리게 느낍니다. 어찌 인간을 이렇게 곤고하게 만드셨는지. 고통 속에 있는 가족을 볼 때는 주님을 찾다가, 좀 안정되면 다시 주님을 잊어버립니다. 사도 바울의 고백이 나의 고백이고, 모든 사람의 고백입니다.

"오호라 나는 곤고한 자로다." 오늘 또다시 주님을 바라보아야 하겠습니다. 나에게 있는 불순물을 완전히 제거하실 주님을 바라보아야 하겠습니다. 이 아침 다시 한 번, 새 소망, 새 희망을 품습니다. 매일 죽겠다고 한 사도 바울의 다짐을 다시 새겨봅니다.

주님, 사람의 곤고함을, 나의 곤고함을 알게 하시니 감사합니다. 늘 평안하게만 살았다면 보지 못했을 나의 연약한 싸움을 알게 하시니 감사합니다. 너무도 곤고한 나를 사망의 구렁텅이에서 건져 주옵소서. 내 안의 불순물이 온전히 제거될 때까지 나를 씻어 주옵소서. 매일 죽어서, 오직 주님만 바라보는 자가 되게 하옵소서.
예수님의 이름으로 기도합니다. 아멘.

서른

그리스도인의 힘은 기도입니다. 진중한 기도 생활 없이 하나님을 안다고 할 수는 없습니다. 하지만 우리의 기도가 늘 순전하고, 진실하고, 간절함이 담기지는 않습니다. 기도의 자리에 앉자마자 하나님 앞에 순수하게 기도하게 되는 때가 그리 많지 않습니다.

그런데 투병하는 가족이 생기고부터, 수시로 하나님 앞에 기도하는 마음이 한없이 순수합니다. 눈을 감으면 곧바로 하나님의 마음에 나의 마음이 포개집니다. 교회에 들어서는 순간부터 흐르는 눈물을 주체할 수 없습니다. 하나님은 질병을 통해 우리의 기도를 더 순수하고, 간절하게 만드셨습니다.

질병이 단순하게 고난이고 축복이 아니라고 말할 수 없는 이유가 여기에 있습니다. 주님은 이런 기도를 원하셨던 것입니다. 항상 우리가 이렇게 기도하기를 원하셨던 것입니다.

하나님, 나의 마음을 순전하게 하시니 감사합니다. 이전에는 기도할 때 자주 벽 앞에 앉아 있는 것 같고, 기도가 그저 나의 생각하는 자리일 뿐일 때도 있었는데, 지금은 기도하는 매 순간 간절하고, 순수한 마음을 주시니 감사합니다. 순전한 기도를 들으실 줄로 믿습니다.
예수님의 이름으로 기도합니다. 아멘.

서른하나

참 많은 단어와 문장으로 기도를 해 보았습니다.

각종 말씀을 인용하고, 멋있는 표현을 사용해서 기도를 해 보았습니다. 때로는 침묵하며, 생각만으로 기도를 해 보았습니다. 그런데, 제가 가장 자주 하는 기도는 "하나님, 도와주세요"라는 기도입니다. 질병이 찾아오면, 더더욱 하나님을 찾게 되는데, 다른 이유가 아니라, 도와 달라는 것입니다.

다행히도 우리 하나님은 돕는 자이시며, 돕는 이를 붙이시는 분이십니다. 우리를 도우실 수 있는 힘과 능력이 무한하신 분입니다. 그런 하나님께 드릴 수 있는 최고의 기도가 도와 달라는 기도입니다.

하나님, 질병이 내 몸에 찾아와 힘이 듭니다.
환자의 가족으로 산다는 것이 힘이 듭니다.
도와주세요. 회복을 도와주세요.
건강해지는 것을 도와주세요.
하나님, 도와주세요.
도와주세요.
예수님의 이름으로 기도합니다. 아멘.

서른둘

      수술과 치료를 앞두고 환자와 보호자가 제일 고민하는 것이 병원 선택입니다. 수술을 할 때 환자가 결정해야 하는 부분도 있습니다. 병원과 의사의 인지도, 여론, 집과의 거리 등을 종합해서 병원을 결정합니다.

  저와 아내는 그런 결정을 할 여유가 없었습니다. 진단 후 곧바로 항암 치료를 시작했고, 병원 선택을 고민할 겨를도 없었습니다. 지금 와서 돌아보면, 전적으로 하나님께서 강권적으로 인도하셨음을 깨닫습니다. 모든 것을 주님께서 하시겠다고, 저희에게는 어떤 고민의 시간도 허락하지 않으셨습니다. 지금까지 허락되는 길에 순종하며 왔을 뿐입니다.

주님, 병원과 의사를 선택할 때 지혜를 주시고, 주님이 모든 길을 인도해 주세요. 수술과 치료 방향도 좋은 의사를 만나게 하셔서 주님의 뜻이 이루어지도록 해 주세요. 저희를 강권적으로 역사하셔서 가장 좋은 길로 인도해 주세요.
예수님의 이름으로 기도합니다. 아멘.

서른셋

대부분의 항암 약은 부작용이 있습니다. 그럼에도 부작용보다 치료 효과가 훨씬 크다면 그 약을 사용하는 것입니다. 항암 치료를 하는 환자들이 힘든 것은 항암제의 부작용 때문입니다. 항암제에 여러 부작용이 있지만, 제일 안타까운 것은 정상 세포의 일부를 죽인다는 것입니다. 만약 정확히 암세포만 죽이는 항암제를 개발한다면, 그 개발자가 세계 제일의 갑부가 되는 것은 시간 문제입니다. 이 세상은 언제나 얻는 것이 있으면 잃는 게 있습니다.

그러나 우리 주님은 분명히 싸워야 할 대상과 싸우지 말아야 할 대상을 아십니다. 부작용을 줄이실 수 있고, 죽어야 할 세포만 죽이실 수 있는 분입니다. 그래서 우리가 더욱 하나님을 의지하는 것입니다.

주님, 내 안에 들어가는 항암제가 오직 암세포만을 죽이게 하옵소서. 정확하게 사라져야 할 세포들만 공격하여 효과를 보게 하옵소서. 혹여나 부작용이 온다고 할지라도, 그것은 약 효능이 잘 드는 증거로 알고, 더욱 기도하며, 주님만 의지하며 나아가게 하옵소서.
예수님의 이름으로 기도합니다. 아멘.

서른넷

하나님의 음성을 듣고자 하면, 우리 주님은 언제나 말씀하십니다. 그러나 우리는 잘 듣지 못합니다. 하나님의 음성보다 세상의 소리가 더 크기 때문입니다. 아니, 하나님의 음성에 관심이 없다는 말이 더 맞을 것 같습니다. 들으려고 하지도 않고, 들려도 들을 수 없고, 들어도 알 수 없는 하나님의 음성.

그런데 하나님이 질병을 주신 후에 하나님의 음성

에 예민해졌습니다. 하나님의 음성에 귀를 쫑긋 세워 어느 것 하나라도 놓치지 않으려고 합니다. 가장 큰 이유는 하나님의 음성을 듣지 않으면, 하루를 살기가 힘들기에 그렇습니다. 질병을 얻고 무엇보다 감사한 것은 하나님의 음성에 관심을 가지게 됐고, 하나님의 음성이 매일 들린다는 것입니다.

주님, 저희 가족에게 질병을 주시므로 저희가 하나님의 음성에 더욱 예민해지게 하시고, 하나님의 말씀에 귀를 쫑긋 세우게 하셔서 정말 감사합니다. 언제나 말씀하옵소서. 우리가 듣겠습니다. 말씀하시지 않으면 하루도 살 수 없습니다.
예수님의 이름으로 기도합니다. 아멘.

서른다섯

사람들은 참 아둔합니다.

건강이 중요하다는 것을 알면서도 담배를 못 끊습니다. 가족이 중요하다는 것을 알면서도 가족과 함께 시간을 보내지 않습니다. 사랑한다는 말 한마디와 표현이 필요하다는 것을 알면서도 하지 않습니다. 그러다가 아프게 되니, 비로소 사랑한다고 말합니다.

내가 아파도 사랑에 눈이 떠지고, 가족이 아파도

사랑에 눈이 떠집니다. 질병에 갇혀 있는 가족을 더욱 사랑하게 해주셔서 감사하다고 기도했습니다. 그때 주님이 말씀하십니다.

내가 너보다 더 OO을 사랑한다. 네가 사랑하는 것보다 천 배 더 내가 사랑한다. 네가 흘리는 눈물보다 더 많은 눈물을 내가 흘리고 있다. 힘을 내라.

주님, 나보다 더 나의 아내를 사랑하신다니 감사합니다. 내가 사랑하는 것보다 천 배나 더 사랑하신다니 위안이 됩니다. 주님께서 그렇게 사랑하신다면 희망이 있고, 소망이 있습니다. 나보다 더 사랑하시는 주님께서 고쳐주옵소서. 나보다 더 사랑하시는 주님께서 회복시켜 주옵소서.
예수님의 이름으로 기도합니다. 아멘.

서른여섯

 투병 생활 가운데 힘든 점은 매일 무엇인가를 결정해야 한다는 것입니다. 병원과 의사를 결정하는 것부터 매일 먹는 음식과 하루 일과 등 세세한 것까지도 주의를 요합니다. 어떤 이들은 이런 것을 담대하게 결정하며 최선을 다해 보지만, 어떤 이들은 두려움 앞에 쉽게 결정을 하지 못합니다.

나의 결정이 생명과 연관된다고 생각하면, 결정할 자유가 있다는 것이 오히려 무섭고 두렵습니다. 차

라리 이럴 때는 그저 천진난만하게 아무것도 모르는 어린아이이고 싶습니다.

그래서 주님께 기도합니다. 성령님이 모든 것을 결정해 주시기를.

주님, 모든 것을 결정하시고 인도해주세요.
저는 무섭고 두렵습니다. 주님이 다 해 주세요. 주님 앞에서는 한없이 어린아이이고 싶습니다. 주님의 지혜와 명철이 너무도 필요합니다. 나의 결정이 당신이 원하시는 결정이 되게 하시고, 나의 판단이 주님의 계획과 일치하게 하옵소서.
예수님의 이름으로 기도합니다. 아멘.

서른일곱

투병이 시작되면, 환자와 보호자는 삶의 패턴이 완전히 바뀝니다. 모든 것이 환자의 건강과 회복에 초점이 맞추어집니다. 퇴근 시간도 빨라지고, 허례허식이 사라집니다. 그것뿐만 아니라 영적인 생활도 완전히 변화됩니다. 세상에서 주님 잊어버리고 놀던 생활이 즐겁지 않습니다. 사람 만나러 다니고, 세상 이야기를 유희 삼던 일이 줄어듭니다. 죄 짓는 삶이 어느 틈에 거룩한 삶으로 변하려고 합니다.

이것이 주님이 우리의 질병을 통해 원하시는 것입니다. 이제는 하나님과 함께하고, 예수님과 동행하고, 성령님 안에 있는 생활이 제일 큰 기쁨이 되어야 합니다. 이렇게 변했던 삶이 병이 고침 받는다고 해서 되돌아가서는 안 됩니다.

주님, 나의 삶을 변화시켜 주셔서 감사합니다. 질병 덕분에 나의 삶이 더 거룩해졌습니다. 세상 낙을 즐기던 제가, 주님 앞에 말씀과 기도로 나아가는 것이 훨씬 즐겁습니다. 혹여나 병이 나으면서 이런 모습도 다시 원래대로 돌아가지 않을까 염려됩니다. 주님, 나를 더욱 붙들어 주세요. 예수님과 동행하는 것이 가장 큰 기쁨이 되게 하옵소서.
예수님의 이름으로 기도합니다. 아멘.

서른여덟

　　　　사람들은 인생에 대해서 잘 되리란 생각을 합니다.

　시험에 합격할 것을 기대하고, 회사에 취직할 것을 소망하고, 다른 사람이 아니라 내가 승진할 것이라고 확신하고, 내가 하는 일이 큰 성과를 얻을 것이라고 믿습니다.

　환자들은 나의 병이 나을 것이라고 믿고, 어떤 환자들은 나는 결코 회복되기 어렵다고 생각합니다.

그런데 내 인생에 대해 가졌던 여러 생각들을 주님은 가소롭다고 말씀하십니다. 나의 생각대로 될 거라고 희미하게나마 가졌던 마음들이 가소롭다고 말씀하십니다. 하나님 앞에 가소로운 생각들을 평생하며 살았던 것입니다.

내가 삶의 주인인 것처럼 그렇게 살았던 것입니다.

우리는 회개해야 합니다. 매일 내가 주인인 것처럼 살았음을.

하나님, 내 욕심이나 채우려고 생각했던 계획들을 가소롭다는 한 말씀으로 정리해주시니 감사합니다. 주님이라고 고백하면서도 제가 주인 행세 했습니다. 하나님 없는 인생의 계획들을 도말하여 주세요. 하나님의 인도에 무조건 순종하게 해 주세요. 우리에 대해 가지고 계시는 치료의 계획에 순종합니다. 하나님의 생각에 단 1%도 미치지 못하는 나의 가소로움을 씻어 주시고, 정결한 마음으로 나아가게 하소서.

예수님의 이름으로 기도합니다. 아멘.

서른아홉

　　　　　　새벽기도를 하고 집에 가면, 아내의 환부에 항상 손을 얹고 기도해줍니다. 금요기도회를 마치고 돌아와서도 환부에 손을 얹고 기도합니다. 주일 예배를 마치고 와서도 환부에 손을 얹고 기도합니다.

　기도하는 순간 나의 마음은 지금 주께서 치료해주시기를 바라는 마음입니다. 하지만 우리는 주님이 언제 치료하시는지 알지 못합니다. 주님은 우리가 모르는 순간에 역사하십니다.

우리가 잘 때도 오셔서 어루만져 주십니다. 그렇기 때문에 항상 기도해야 합니다. 항상 기도한다는 것이 계속 눈을 감고 기도하라는 것이 아닙니다. 삶의 모든 순간에 이 기도제목이 나를 주장하는 것입니다. 그러면 삶의 모든 순간에 주님이 개입하셔서 만져주실 것입니다. 저는 이것을 믿습니다.

하나님, 우리는 기도하는 시간이 정해져 있습니다. 그러나 하나님은 모든 순간에 만지심을 믿습니다. 우리가 잘 때에도 주님은 고치실 것입니다. 우리가 밥을 먹을 때에도 주님은 고치실 것입니다. 우리가 산책할 때에도 주님은 고치실 것입니다. 우리가 혹 기도하지 못할 때에도 주님은 고치실 것입니다. 우리가 모르는 순간에 오셔서 만지고 고치심을 믿습니다.
예수님의 이름으로 기도합니다. 아멘.

마흔

제 아내는 작년 유방암 3기를 진단받고, 현재까지 거의 1년간 치료를 이어오고 있습니다. 종양 크기가 컸고, 임파선 여러 곳에 전이가 되어 있었기에, 바로 다음 날부터 항암을 시작했습니다. 일반적으로 유방암은 적당한 시기 안에 발견하면 5년 생존율이 다른 암에 비해 매우 높습니다. 하지만 아이러니하게도 전이와 재발이 매우 잘 되는 암으로 알려져 있습니다.

대부분의 유방암 환자들이 표준 치료를 마친 후에

도 재발에 대한 두려움으로 살아갑니다. 항암 치료와 수술, 그리고 방사선 치료와 표적치료, 호르몬 치료로 긴 5년의 과정을 마친 후에도 재발에 대한 두려움으로 살아야 한다는 것이 처음에는 답답했습니다.

그런데, 얼마 후 저희는 일평생 주님을 더욱 찾고 바라게 하신 하나님께 감사를 드렸습니다. 완치라는 것이 없는 암에 걸린 것이 더 감사했습니다. 나로 하여금 일평생 더 이상 죄의 올무에 매이지 않도록 사랑의 올무를 씌워 주신 것입니다.

주님, 일평생 주님만 바라보도록 하시니 감사합니다. 죄의 올무에 빠지지 않도록 늘 심령을 깨워주시니 감사합니다. 주님만 바라봐야 한다는 것을 질병을 통해 알려주시니 감사합니다. 주께서 씌워주신 사랑의 올무를 기꺼이 받겠습니다. 더 강력하게 저희를 인도하시고 붙들어 주옵소서.
예수님의 이름으로 기도합니다. 아멘.

마흔하나

     투병 중에 힘든 일 한 가지는 검사 결과를 보러 가는 일입니다. 가는 걸음이 힘든 것이 아니라, 결과가 안 좋을지도 모른다는 심적인 두려움입니다. 의사 앞에 앉으면 막 심장이 요동치며 뜁니다.

  정말로 어제는 중간 검사 결과가 좋지 않았습니다. 지난번과는 다르게 생각보다 암의 크기가 줄지 않은 것입니다. 이미 많이 겪고 있는 일임에도 불구하고, 가슴이 떨립니다. 두려움과 걱정이 앞섭니다.

하나님보다 심적 괴로움이 더 커집니다.

오늘 새벽, 주님 앞에 나오니 주님이 말씀하십니다. 우리에게 더 큰 믿음을 갖게 하려는 기회라는 것입니다. 이 기회를 놓치지 말라는 것입니다. 오직 기도하고 믿기만 하라는 것입니다.

못 믿겠는데요?

그래도 믿어라.

하나님, 이렇게도 끈질기게 믿음을 요구하시네요. 제가 그렇게도 못 믿는 존재라는 것을 알게 하시네요. 믿는다는 것이 참 어려운 일입니다. 주님, 그래서 많은 사람들이 믿음을 달라고 기도했나 봅니다. 주님, 제게 믿음을 주세요. 주님이 반드시 함께 하고 계신다는 진짜 믿음을 주세요.

예수님의 이름으로 기도합니다. 아멘.

마흔둘

　　　　　잘 생각해 보니까 우리의 몸을 하나님이 만드셨습니다.

병원에 가서 각종 검사 결과를 나타내는 사진들을 들여다보고 있으면, 신기하기도 하고, 저게 도대체 무슨 의미인지 답답하기도 합니다. 그런데 저 몸을 바로 우리 하나님이 만드셨습니다.

바로 이 질문을 하나님이 제게 던지십니다.

내가 그 몸을 만들지 않았느냐?

내가 가장 잘 안다.

내가 의사보다 더 정확히 안다.

내가 인도할 것이다.

그러고 보니 이게 정답입니다. 당연히 만드신 분이 가장 잘 아는 것 아니겠습니까? 가장 정확히 아는 분에게 기도하는 것이야말로 최고의 치료이며, 치료약입니다. 만드신 분은 고치실 수도 있기 때문입니다.

하나님, 물건이 고장이 나면 만든 곳에서 고쳐주듯이, 나의 몸에 이상이 생겼으니 나를 만드신 주님께 맡겨드립니다. 만드셨으니 가장 잘 아시지요. 최고의 방법으로 고쳐주십시오. 만드신 원리를 기억하시어, 저희를 새롭게 고쳐주십시오.
예수님의 이름으로 기도합니다. 아멘.

마흔셋

검사 결과가 생각보다 좋지 않아서 기운이 좀 빠집니다.

처음에는 결과가 너무 좋아서, 약의 효능이 좋다고 생각했습니다. 인간이 참 교만하고, 교활하지요. 저는 하나님보다 약의 능력을 더 믿었던 것입니다. 기도로는 하나님을 의지한다고 해놓고 말입니다. 하나님이 아니라 약이 치료한다는 생각을 했던 것입니다.

오늘 또 저는 회개할 것이 생겼습니다. 하나님보

다 약의 능력을 더 믿었음을 회개합니다. 약보다 하나님을 더 보라고 하시는 주의 뜻에 순종합니다. 이제 약이 아닌 하나님을 바라봅니다. 약이 아니라 하나님이 치료하심을 더욱 믿습니다. 눈보다 더 희게 맑히는 주의 보혈의 능력을 믿습니다.

하나님, 하나님보다 약을 더 의지한 저를 용서해주세요. 약의 효능이 좋았다고 약을 더 의지했습니다. 잠시도 집중하지 못하고, 다른 생각을 한 저를 용서해주세요. 이제는 약이 아니라 정말 하나님을 더 바라보겠습니다. 정말 기도한 대로 믿는 자가 되게 해 주세요. 약이 치료하는 것이 아니라 하나님이 하심을 바라봅니다.
예수님의 이름으로 기도합니다. 아멘.

마흔넷

인생은 절대 내 맘대로 안 된다고 합니다. 그래서 사람들은 괴롭고 힘들어 합니다. 하나님을 인정하는 사람들에게는 내 뜻대로 안 되는 것이 축복입니다. 신앙생활 하면서 이것을 진정 믿을 수 있다면 그 사람은 신앙생활 졸업하셔도 됩니다.

우리에게 축복은 오직 하나님 뜻대로 되는 것입니다. 믿음이 있다면, 내 뜻대로 안 될 때 낙심해서는 안 됩니다. 오히려 그것이 하나님이 인도하시는 복이기 때문입니다. 질병이야말로 내 맘대로 안 되는 대표주자입니다. 아무리 운동하고, 좋은 것 먹고 건강 관리해도 한 순간에 죽는 것이 사람입니다. 내 뜻대로 안 되었을 때가 가장 큰 복입니다.

하나님, 저는 이런 병을 한 번도 기대하지 않았습니다. 내 뜻이 아니기에 주님 뜻임을 고백합니다. 내 뜻대로 안 되고, 주님 뜻이 이루어졌으니 이것은 제게 축복입니다. 이 세상 내 뜻대로 살면 우리는 죽습니다. 주님 뜻대로 살면, 죽지 않고 삽니다. 주님 뜻이니 축복임을 믿습니다.
예수님의 이름으로 기도합니다. 아멘.

마흔다섯

　　　질병은 다양합니다. 한 주 정도면 회복하는 감기부터 인생을 마감할 때까지 투병해야 하는 중병까지 그 수를 헤아릴 수 없이 많습니다. 저희 가족은 기본 5년의 표준 치료 과정을 지나고 있습니다.

　이제 겨우 1년 정도가 지났습니다. 정말 눈 감았다 뜨니 1년입니다. 매 순간순간은 너무 힘들고 길었는데, 지나고 나니 참 짧은 시간입니다. 심지어 어떤 고통의 순간은 어느새 잊어버렸습니다. 남은 4년이

길어 보이지만, 지나고 나면 짧을 것입니다. 지난 1년간 한 순간도 성령님이 안 계신 적이 없었기에 잘 견디고, 이겨왔습니다. 앞으로도 성령께서 더 가까이, 더 친밀히 거하실 것을 믿습니다. 더 큰 역사로 함께 하실 것을 믿습니다.

주님, 주님이 안 계셨다면 어떻게 견뎠을까요?
성령님으로 언제나 함께 계셔서 저희가 이길 수 있었습니다. 앞으로도 언제나 동행하실 것을 믿습니다. 더 가까이 임하여 주시고, 더 친밀히 붙잡아 주세요. 모든 치료의 과정이 성령님이 함께하신 증거이게 하소서.
예수님의 이름으로 기도합니다. 아멘.

마흔여섯

오래전 이재철 목사님이 어느 책에서 언급한, 한 남자 환자를 위해 기도해 준 이야기가 기억납니다. 그 환자는 병이 낫자마자 다시 불륜의 현장으로 달려갔습니다. 몸이 고침 받고, 다시 옛 사람으로 산다면 무슨 소용이 있을까요?

우리는 병을 고치기 전에 먼저 영혼이 고침 받아야 합니다. 몸보다 영혼이 우선입니다. 몸이 고침 받기 전에, 영혼이 새로워져서, 새 사람으로 살게 해달라고 기도해야 합니다. 이것이 바른 순서입니다. 주님은 영혼도 고치실 수 있고, 주님은 몸도 고치실 수 있습니다.

그런데 정말 한 가지만 선택하라고 한다면…우리는 이 질문에 마주할 수 있는 용기가 필요합니다.

주님, 병이 치유된다고 해서 다시 옛 사람으로 돌아가는 우를 범하지 않도록 도와주세요. 우리의 병을 고치시기 전에, 먼저 우리의 영혼을 고쳐 주세요. 새 사람 되게 해 주세요. 죽을 각오로 말씀에 순종하게 해 주세요.
예수님의 이름으로 기도합니다. 아멘.

마흔일곱

군인에게 제일 중요한 것은 훈련입니다. 훈련이 없는 군대는 죽은 군대나 다름없습니다. 목사가 되려면, 신학교에서 올바른 훈련을 받아야 합니다. 저는 학부 4년, 대학원 2년의 훈련을 받았습니다. 그 이후 여러 교회에서 사역의 훈련을 받았습니다. 하지만 돌아보니 그것은 하나님께 받은 훈련은 아닌 듯합니다. 그런데 그 어떤 훈련보다 이 질병의 훈련은 정말 훈련입니다. 주님이 나를 훈련시키고 계심을 알게 되었습니다.

그 어떤 학위보다, 그 어떤 학력보다 더 확실한 훈련입니다. 주님께 이 훈련을 잘 감당하겠다고 다짐합니다. 이 훈련을 잘 통과하면, 정금같이 쓰실 것을 믿습니다. 질병으로 고통당하지만, 이 훈련을 잘 견디면 튼튼한 주님의 군사로 쓰임 받을 것입니다.

하나님, 광야의 훈련을 잘 받기를 원합니다. 우리를 훈련시키시는 하나님의 큰 계획, 그 섭리를 바라봅니다. 이 질병의 훈련을 통하여 저희를 더 정금같이 연단하여 주세요. 날마다 새롭게 태어나게 해 주세요. 언젠가 이 훈련을 무사히 통과하여 주님의 용사로 쓰임 받게 해 주세요.
예수님의 이름으로 기도합니다. 아멘.

아흔여덟

아픈 분들을 위해 기도할 때 제일 걸리는 것이 있습니다. 하나님이 그 병을 주셨다면, 이유가 있을 텐데 그것도 깨닫지 못하고 무조건 고쳐달라고 하는 것이 올바른 것인지 많이 두렵습니다. 하지만 이런 기도의 과정을 통해 하나님과의 관계가 회복된다면, 그 기도는 너무나도 훌륭한 기도입니다.

주신 분도 여호와시요, 가져가시는 분도 여호와이시기에 오직 하나님과 함께하는 것이 가장 큰 기쁨임을 아는 것이야말로 최고의 복입니다. 또 하나님은 기도하게 하시려고 질병을 주실 수도 있습니다. 그렇게 해서라도 관계하고 싶으신 것입니다. 관계가 회복되면, 하나님은 반드시 고치실 것입니다. 물론 그것은 하나님의 주권입니다. 그러나 어떤 식으로든 고치실 것입니다. 여호와 라파!

하나님, 당신의 뜻대로 기도하기 원합니다. 조용히 눈을 감고, 이유를 묵상합니다. 말씀하여 주옵소서. 무조건 고침 받기보다 먼저 주님의 큰 뜻을 알게 하옵소서. 무엇보다 하나님과의 관계가 회복되게 하옵소서. 모든 것의 근원이신 주께서 주님의 방법으로, 주님의 때에 고쳐주옵소서.
예수님의 이름으로 기도합니다. 아멘.

마흔아홉

주님의 도구로만 쓰임 받을 수 있다면, 그것은 우리 하나님의 자녀들에게 큰 복입니다. 베드로에게 말씀하신 예수님의 말씀은 큰 깨달음을 줍니다. "네가 젊어서는 스스로 띠 띠고 원하는 곳으로 다녔거니와 늙어서는 네 팔을 벌리리니 남이 네게 띠 띠우고 원하지 아니하는 곳으로 데려가리라"(요 21:18).

질병을 얻고 보니, 질병이 바로 주님의 띠라는 확

신이 듭니다. 이전에는 내가 원하는 곳에 마음껏 가는 것이 복인 줄 알았습니다. 그러나 아프고 보니, 주님이 원하는 곳으로만 다니고 있습니다. 우리를 주의 은혜로 띠 띠우셔서 오직 주님이 인도하시는 곳으로만 다니게 하십니다. 주님, 우리가 무엇이기에 띠 띠우시고 주의 도구로 만드십니까?

주님, 그동안 많이도 죄 짓는 곳에 다녔습니다. 그동안 많이도 내가 원하는 곳에만 갔습니다. 모든 곳이 나의 자아가 중심이었습니다. 그런데 질병의 띠를 띠우셔서 주님을 더욱 바라보게 하시니 감사합니다. 나로 주님이 인도하시는 곳으로만 다니게 하시니 감사합니다.
예수님의 이름으로 기도합니다. 아멘.

쉼

　　　　질병으로 죽음에 대한 두려움이 나를 감싸고부터, 주님을 더욱 많이 생각하게 되었습니다. 질병으로 가족과의 이별을 떠올리면서부터, 주님을 더욱 사모하게 되었습니다. 질병으로 매일 고단한 삶을 살고부터, 주님의 이름을 더욱 많이 부르게 되었습니다.

　질병으로 앞길이 막막해지면서부터, 주님께 더욱 기도하게 되었습니다. 주님을 생각만 해도 더러운 세포가 죽을 수 있고, 주님을 사모하기만 해도 더러운 세포가 사라질 수 있고, 주님의 이름을 부르기만 해도 더러운 세포가 태워질 수 있고, 주님께 기도할 때마다 더러운 세포가 사멸될 수 있습니다.

하나님, 당신을 생각합니다.
생각만 해도 질병의 근원이 죽게 하소서.
하나님, 당신의 이름을 부릅니다.
이름만 불러도 질병의 근원이 태워지게 하소서.
하나님께 기도할 때마다
질병의 근원이 사라지게 하소서.
예수님의 이름으로 기도합니다. 아멘.

쉰하나

항암 치료를 하기 위해서는 매번 검사를 합니다.

항암 치료를 잘 감당할 수 있는지, 몸 안의 각종 수치를 보는 것입니다. 특히나 백혈구 수치가 많이 낮으면 항암 치료가 연기됩니다. 여덟 번의 계획된 항암 치료 중 어느덧 일곱 번째입니다. 이번에는 각종 수치가 간당간당 합니다. 겨우 항암 치료를 할 수 있는 수치가 되어 통과했습니다.

그래서 말씀을 의지하며 기도합니다. 오늘 치료도 넉넉히 이기게 해달라고 기도합니다. 로마서 8장 37절 말씀입니다. "우리가 넉넉히 이기느니라."

주님은 우리로 겨우 이기게 하는 것이 아니라 넉넉히 이길 수 있도록 하십니다. 넉넉히 이기게 하시는 주님을 바라보면 됩니다.

그동안 넉넉히 이기게 하신 하나님,
오늘 치료도 넉넉히 이기게 하실 줄 믿습니다. 여러 가지 수치가 애매합니다. 답답합니다. 그러나 넉넉히 이길 것을 확신합니다. 왜냐하면 주님이 함께 하시기 때문입니다. 환난 속에서 이기신 주님을 생각하며, 오늘도 나아가겠습니다.
주님, 넉넉히 이기게 하옵소서.
예수님의 이름으로 기도합니다. 아멘.

쉰둘

우리가 왜 거룩하게 살아야 할까요?

우리가 왜 믿음으로 살아야 할까요?

우리가 왜 의인의 삶을 살아야 할까요?

우리가 왜 말씀대로 온전히 살아야 할까요?

다음 말씀이 그 한 가지 답이 될 것입니다.

"믿음의 기도는 병든 자를 구원하리니 주께서 그를 일으키시리라 혹시 죄를 범하였을지라도 사하심을 받으리라 그러므로 너희 죄를 서로 고백하며 병이 낫기를 위하여 서로 기도하라 의인의 간구는 역사하는 힘이 큼이니라"(약 5:15, 16).

저는 제 영과 혼과 마음이 죄 가운데 거하지 않기를 죽도록 노력하지는 않았습니다. 그런데 지금은 이런 노력이 삶을 지배합니다. 많은 사람들이 아픈 병자를 위해 기도해 달라고 요청합니다. 제가 할 수 있는 것은 거룩한 삶을 살고, 그들을 위해 기도하는 것입니다. 의인의 간구는 역사하는 힘이 크다는 것을 믿기 때문입니다.

주님, 병이 낫기를 간절히 구하는 자들이 많습니다. 그들을 위해 기도한다면서도, 거룩한 삶을 살지 않는 나를 용서하시고, 병이 낫는 기도를 하기 위해서라도 나의 삶을 더욱 거룩하게 하옵소서. 죽도록 거룩하게 살게 하옵소서. 그리고 기도하게 하옵소서. 병이 나을 수만 있다면.
예수님의 이름으로 기도합니다. 아멘.

쉰셋

중병에 걸리면, 인생의 가치관이 바뀌는 것을 경험합니다.

신앙생활도 바뀝니다. 빨리만 가려고 애썼던 내가 바뀝니다. 높이만 올라가려고 했던 생각이 바뀝니다. 빨리 가는 것이 뭐가 그렇게 중요합니까? 늦게 가는 것이 뭐가 그렇게 억울합니까? 우리가 하나님의 자녀라면, 하나님과 함께 가는 것이 가장 중요합니다.

하나님은 질병을 통해 나의 길을 멈추셨습니다. 하나님은 질병을 통해 우리의 속도를 조절하셨습니다. 우리는 하나님과 같이 가지 못하는 것이 억울하고, 하나님의 속도에 못 맞춘 것이 괴로울 뿐입니다. 질병은 주님이 나와 같이 가자고 하시는 음성입니다. 주님과 함께 가면 됩니다. 그것이 답입니다.

주님, 저는 빨리 가고 싶었습니다.
빨리 올라가고 싶었습니다.
빨리 더 벌고 싶었습니다.
그러나 주님이 저를 멈추셨습니다.
나와 함께 가자고 하시는 주님,
감사합니다.
이제는 주님과 함께 가는 것만 바라게 하옵소서.
예수님의 이름으로 기도합니다. 아멘.

질병을 낭비하지 마세요

1판 1쇄 발행 _ 2020년 5월 25일
1판 2쇄 발행 _ 2020년 6월 30일

지은이 _ 정기원
펴낸이 _ 이형규
펴낸곳 _ 쿰란출판사

주소 _ 서울특별시 종로구 이화장길 6
편집부 _ 745-1007, 745-1301~2, 747-1212, 743-1300
영업부 _ 747-1004, FAX 745-8490
본사평생전화번호 _ 0502-756-1004
홈페이지 _ http://www.qumran.co.kr
E-mail _ qrbooks@gmail.com / qrbooks@daum.net
한글인터넷주소 _ 쿰란, 쿰란출판사
페이스북 _ www.facebook.com/qumranpeople
인스타그램 _ www.instagram.com/qrbooks
등록 _ 제1-670호(1988.2.27)
책임교열 _ 최가영·오완

© 정기원 2020   ISBN 979-11-6143-381-3   03230

책값은 뒤표지에 있습니다.
이 출판물은 저작권법에 의해 보호를 받는 저작물이므로 무단 복제할 수 없습니다.
파본(破本)은 구입처에서 교환해 드립니다.